AF548084

GRöLS
Verlage

„BÜCHER SIND WIE FALLSCHIRME. SIE NÜTZEN UNS NICHTS, WENN WIR SIE NICHT ÖFFNEN.“

**Gröls Verlag**

## Redaktionelle Hinweise und Impressum

Das vorliegende Werk wurde zugunsten der Authentizität sehr zurückhaltend bearbeitet. So wurden etwa ursprüngliche Rechtschreibfehler *nicht* systematisch behoben, denn kleine Unvollkommenheiten machen das Buch – wie im Übrigen den Menschen – erst authentisch. Mitunter wurden jedoch zum Beispiel Absätze behutsam neu getrennt, um den Lesefluss zu erleichtern.

Um die Texte zu rekonstruieren, werden antiquarische Bücher von Lesegeräten gescannt und dann durch eine Software lesbar gemacht. Der so entstandene Text wird von Menschen gegengelesen und korrigiert – hierbei treten auch Fehler auf. Wenn Sie ebenfalls antiquarische Texte einreichen möchten, finden Sie weitere Informationen auf www.groels.de

Viel Freude bei der Lektüre wünscht Ihnen das Team des Gröls-Verlags.

**Adressen**
Verleger: Sophia Gröls, Im Borngrund 26, 61440 Oberursel
Externer Dienstleister für Distribution & Herstellung: BoD, In de Tarpen 42, 22848 Norderstedt

**Unsere „Edition | Kleine Klassiker“** versammelt über hundert unbestrittene Klassiker der Weltliteratur in einem ästhetisch anspruchsvollen und handlichen Format.

Die Gröls-Klassiker-Editionen gehören heute mit ungefähr tausend Werken zu den größten Sammlungen klassischer Literatur im deutschen Sprachraum. Wir kultivieren und kuratieren damit einen der wertvollsten Bereiche der abendländischen Kultur. Kleine Auswahl:

**Francis Bacon** • Neues Organon • **Balzac** • Glanz und Elend der Kurtisanen • **Joachim H. Campe** • Robinson der Jüngere • **Dante Alighieri** • Die Göttliche Komödie • **Daniel Defoe** • Robinson Crusoe • **Charles Dickens** • Oliver Twist • **Denis Diderot** • Jacques der Fatalist • **Fjodor Dostojewski** • Schuld und Sühne • **Arthur Conan Doyle** • Der Hund von Baskerville • **Elisabeth von Österreich** • Das Poetische Tagebuch • **Friedrich Engels** • Die Lage der arbeitenden Klasse • **Ludwig Feuerbach** • Das Wesen des Christentums • **Fitzgerald** • Zärtlich ist die Nacht • **Flaubert** • Madame Bovary • **Theodor Fontane** • Effi Briest • **Robert Musil** • Über die Dummheit • **Edgar Wallace** • Der Frosch mit der Maske • **Jakob Wassermann** • Der Fall Maurizius • **Oscar Wilde** • Das Bildnis des Dorian Grey •

**Mark Twain** • Huckleberry Finns Abenteuer und Fahrten • **Anton Tschechow** • Die Möwe • **Ludwig Tieck** • Der gestiefelte Kater • **Feuerbach** • Das Wesen des Christentums • **Fitzgerald** • Zärtlich ist die Nacht • **Flaubert** • Madame Bovary • **Theodor Fontane** • Effi Briest • **Robert Musil** • Über die Dummheit • **Edgar Wallace** • Der Frosch mit der Maske • **Jakob Wassermann** • Der Fall Maurizius • **Oscar Wilde** • Das Bildnis des Dorian Grey • **Mark Twain** • Huckleberry Finns Abenteuer und Fahrten • **Anton Tschechow** • Die Möwe • **Ludwig Tieck** • Der gestiefelte Kater • **Jonathan Swift** • Gullivers Reisen • **Robert Louis Stevenson** • Die Schatzinsel • **William Shakespeare** • Othello • **Arthur Schopenhauer** • Die Kunst, Recht zu behalten • **Felix Salten** • Bambi • **Platon** • Der Staat • **Arthur Schnitzler** • Traumnovelle • **Friedrich Schiller** • Wilhelm Tell • **Karl May** • Winnetou • **Franz Kafka** • Der Prozeß • Platon • Verteidigungsrede • **Jules Verne** • Reise nachdem Mittelpunkt der Erde • **Leo Tolstoi** • Auferstehung • **August Strindberg** • Inferno • **Julius Stinde** • Familie Buchholz • **Wilhelm Raabe** • Die schwarze Galeere • **Friedrich Nietzsche** • Götzendämmerung • **Gotthold Ephraim Lessing** • Emilia Galotti *und viele weitere Werke….*

**Étienne de La Boëtie**

# Von der freiwilligen Knechtschaft des Menschen

Übersetzung von Gustav Landauer

## Inhalt

## Vorbemerkung des Übersetzers

Étienne de La Boëtie hat von 1530 bis 1563 gelebt; die vorliegende Schrift ist vor dem Jahr 1550 von ihm verfaßt worden, vor mehr als 360 Jahren also. Sie kursierte schon bei Lebzeiten des jungen Verfassers, der in seiner Verborgenheit blieb, in Abschriften; eine solche Abschrift kam in die Hände Michel Montaignes, der darum seine Bekanntschaft suchte und sein Freund wurde. Den revolutionären Republikanern, die in den nächsten

Jahrzehnten in England, den Niederlanden und Frankreich gegen den Absolutismus kämpften und die man die Monarchomachen nennt, muß die Schrift wohl bekannt gewesen sein. Aus dem Kreise dieser französischen Revolutionäre des 16. Jahrhunderts heraus ist sie auch zuerst gedruckt worden – gegen Montaignes Willen, dessen widerspruchsvolle Äußerungen auf seine behutsame Vorsicht zurückzuführen sind. Diese

Herausgeber gaben der Schrift den treffenden Namen „Le Contr'un“, der sich nicht ins Deutsche übersetzen läßt; den Sinn würde wiedergeben die Fremdwörterübersetzung: Der Anti-Monos, wobei unter Monos eben der Eine, der Monarch zu verstehen wäre, als dessen grundsätzlicher Gegner der Verfasser auftritt. Später ist die Abhandlung dann doch von den Herausgebern von Montaignes Essais anhangsweise dem Essai über die Freundschaft, der zu großem Teil

Etienne de la Boëtie gewidmet ist, beigegeben, aber immer nur als eine Art literarisches Kuriosum betrachtet worden, bis in der Mitte des neunzehnten Jahrhunderts Lameunais die politische Bedeutsamkeit der grundlegenden Schrift erkannte. Näheres über den Zusammenhang, in den diese einzige Erscheinung gehört, habe ich in meinem Buche „Die Revolution“ gesagt.

Gustav Landauer

## Feigheit

*„Mehrern Herren untertan sein, dieses find' ich schlimm gar sehr, Nur ein einziger sei Herrscher, einer König und nicht mehr“*, so sagt Ulysses bei Homer vor versammeltem Volke. Hätte er nur gesagt: *“Mehreren Herren untertan sein, dieses find' ich schlimm gar sehr“*, so wäre das eine überaus treffliche Rede gewesen; aber anstatt daß er, wenn er mit Vernunft reden wollte, gesagt hätte, die Herrschaft von mehreren könnte nichts taugen,

weil schon die Gewalt eines einzigen, sowie er sich als Herr gebärdet, hart und unvernünftig ist, fuhr er gerade umgekehrt fort:

*„Nur ein einziger sei Herrscher, einer König und nicht mehr.“*

Immerhin jedoch kann Ulysses entschuldigt werden; etwa mußte er diese Sprache führen und sie klüglich benutzen, um die Empörung des Kriegsvolks zu sänftigen; mich dünkt, er hat seine Rede mehr den Umständen als der Wahrheit angepaßt. Um aber in guter Wahrheit zu reden, so ist es ein gewaltiges Unglück, einem Herrn untertan zu sein, von dem man nie sicher sein kann, ob er gut ist, weil es immer in seiner Gewalt steht, schlecht zu sein, wenn ihn das Gelüste anwandelt; und gar mehrere Herren zu haben, ist gerade so, als ob man mehrfachen Grund hätte, gewaltig unglücklich zu sein. Gewißlich will ich zur Stunde nicht die Frage erörtern, die schon mehr als genug abgedroschen ist; ob nämlich die andern Arten der Republiken besser seien als die Monarchey. Wenn ich darauf kommen wollte, dann müsste ich, ehe ich ausforschte, welchen Rang die Monarchey unter den Republiken haben soll, erst ausmachen, ob sie überall einen haben darf, denn es ist schwerlich zu glauben, daß es in dieser Form der Regierung, wo alles Einem gehört, irgendwas von gemeinem Wesen gebe. Aber diese Frage bleibe einer andern Zeit überlassen und müßte wohl in einer sonderlichen Abhandlung geprüft werden wobei ich freilich fürchte, daß die politischen Streitigkeiten alle miteinander aufs Tapet kämen.

Für dieses Mal will ich nur untersuchen, ob es möglich sei und wie es sein könne, daß so viele Menschen, so viele Dörfer, so viele Städte, so viele Nationen sich manches Mal einen einzigen Tyrannen gefallen lassen, der weiter keine Gewalt hat, als die, welche man ihm gibt; der nur soviel Macht hat, ihnen zu schaden, wie sie aushalten wollen; der ihnen gar kein Übel antun könnte, wenn sie es nicht lieber dulden als sich ihm widersetzen möchten. Es ist sicher wunderbar und doch wieder so gewöhnlich, daß es einem mehr zum Leid als zum Staunen sein muß, wenn man Millionen über Millionen von Menschen als elende Knechte und mit dem Nacken unterm Joch gewahren muß, als welche dabei aber nicht durch ***eine*** größere Stärke bezwungen, sondern (scheint es) lediglich bezaubert und verhext sind von dem bloßen Namen des EINEN, dessen Gewalt sie nicht zu fürchten brauchen, da er ja eben allein ist, und dessen Eigenschaften sie nicht zu lieben brauchen, da er ja in ihrem Fall unmenschlich und grausam ist. Das ist die Schwäche bei uns Menschen: wir müssen oft der Stärke botmäßig sein; kommt Zeit, kommt Rat; man kann nicht immer der Stärkere sein.

Wenn demnach eine Nation durch kriegerische Gewalt gezwungen ist, Einem zu dienen, wie die Stadt Athen den dreißig Tyrannen, dann darf man nicht darüber staunen, daß sie dient, sondern darf nur das Mißgeschick beklagen: oder man soll vielmehr nicht staunen und nicht klagen, sondern das Übel geduldig tragen und ein besseres Glück in der Zukunft erwarten.

Unsre Natur ist also beschaffen, daß die allgemeinen Pflichten der

Freundschaft ein gut Teil unsres Lebens in Anspruch nehmen; das Gute, das man von Einem empfangen hat, dankbarlich zu erkennen und oft auf ein Teil seiner Bequemlichkeit zu verzichten, um die Ehre und den Gewinn dessen, den man liebt und der es verdient, zu erhöhen. Wenn demnach die Einwohner eines Landes eine große Persönlichkeit gefunden haben, einen Mann, der die Probe einer großen Voraussicht, um sie zu behüten, einer großen Kühnheit, um sie zu verteidigen, einer großen Sorgfalt, um sie zu leiten, bestanden hat; wenn sie um dessentwillen sich entschließen, ihm zu gehorsamen und ihm dergestalt zu vertrauen, daß sie ihm etliche Vorteile über sich einräumen, so weiß ich nicht, ob das klug wäre, insofern man ihn von da wegnimmt, wo er gut tat, und ihn an eine Stelle befördert, wo er schlimm tun kann: aber gewiß ist es der menschlichen Güte zu Gute zu halten, daß sie von einem solchen nichts

Schlimmes fürchten mag, der ihr nur Gutes getan hat.

Aber mein Gott! was kann *das* sein? wie sagen wir, daß *das* heißt? was für ein Unglück ist *das?* oder was für ein Laster? oder vielmehr was für ein Unglückslaster? Daß man nämlich eine unendliche Zahl Menschen nicht gehorsam, sondern leibeigen sieht; nicht geleitet, sondern unterjocht; Menschen, die nicht Güter noch Eltern, noch Kinder, noch ihr eigenes Leben haben, das ihnen selber gehört!

Daß sie die Räubereien, die Schindereien, die Grausamkeiten nicht einer Armee, nicht einer Barbarenhorde, gegen die man sein Blut und sein Leben kehrt, dulden, sondern eines einzigen Menschleins, das oft gar der feigste und weibischste Wicht in der ganzen Nation ist; eines Menschen, der nicht an den Pulverrauch der Schlachten, sondern kaum an den Sand der Turnierspiele gewöhnt ist; nicht eines solchen, der gewaltiglich Männer befehligen kann, sondern eines solchen, der ein jämmerlicher Knecht eines armseligen Weibchens ist! Werden wir das Feigheit nennen? Werden wir sagen, daß diese Knechte Tröpfe und Hasen sind? Wenn zwei, wenn drei, wenn vier sich eines Einzigen nicht erwehren, dann ist das seltsam, aber immerhin möglich; dann kann man schon und mit gutem Recht sagen, es fehle ihnen an Herzhaftigkeit; wenn jedoch hundert, wenn tausend unter einem Einzigen leiden, dann sagt man doch wohl, daß sie sich nicht selbst gehören wollen, nein, daß sie es nicht wagen; und das nennt man nicht mehr Feigheit, sondern Schmach und Schande. Wenn man aber sieht, wie nicht hundert, nicht tausend Menschen, sondern hundert Landschaften, tausend Städte, eine Million Menschen sich eines Einzigen nicht erwehren, der alle miteinander so behandelt, daß sie Leibeigene und Sklaven sind, wie könnten wir das nennen? Ist das Feigheit?

## Von der Freiheit und Trägheit eines Volkes

Alle Laster haben ihre natürlichen Grenze, die sie nicht überschreiten können: zwei Menschen, vielleicht auch noch zehn, können Einen fürchten; aber wenn tausend, wenn eine Million, wenn tausend Städte mit Einem nicht fertig werden, dann ist das keines Weges Feigheit; soweit geht sie nicht; ebenso wenig wie sich die Tapferkeit so weit erstreckt, daß ein Einziger eine Festung stürmt, eine

Armee angreift, ein Königreich erobert. Welches Ungeheuer von Laster ist das also, das nicht einmal den Namen Feigheit verdient? das keinen Namen findet, weil die Natur keinen so scheußlichen gemacht hat, weil die Zunge sich weigert, ihn auszusprechen?

Man stelle fünfzigtausend bewaffnete Männer auf eine Seite und ebenso viele auf die andere; man ordne sie zur Schlacht; sie sollen handgemein werden: die einen sollen freie Männer sein, die für ihre Freiheit kämpfen, die andern sollen ausziehen, um sie ihnen zu rauben: welchen von beiden wird vermutungsweise der Sieg in Aussicht zu stellen sein? Welche, meint man, werden tapferer in den Kampf gehen? Diejenigen, die zum Lohne für Ihre Mühen die Aufrechterhaltung ihrer Freiheit erhoffen, oder diejenigen, die für die Streiche, die sie versetzen oder empfangen, keinen andern Preis erwarten können, als die

Knechtschaft der andern? Die einen haben immer das Glück ihres bisherigen Lebens, die Erwartung ähnlichen Wohlstands in der Zukunft vor Augen; es kommt ihnen nicht so sehr zu Sinn, was sie in der kurzen Spanne einer Schlacht durchzumachen, wie was sie, ihre Kinder und all ihre Nachkommenschaft für immer zu ertragen haben. Die andern haben zu ihrer Erkühnung nur ein kleines Quentchen Begehrlichkeit, das sich gegen die Gefahr verblendet, das aber nicht so gar glühend sein kann, vielmehr mit dem kleinsten Blutstropfen, der aus ihren Wunden fließt, erlöschen muß. Gedenke man nur an die hochberühmten Schlachten des Miltiades, Leonidas, Themistokles, die vor zweitausend Jahren geschlagen worden sind und noch heute so frisch im Gedächtnis der Bücher und Menschen leben, als hätten sie ehegestern in Griechenland zum Heil des griechischen Volkes und der ganzen Welt Exempel sich zugetragen; was, glaubt man wohl, gab einer so kleinen Schar wie den Griechen nicht die Gewalt, sondern den Mut, dem Ansturm so vieler Schiffe, daß das Angesicht des Meeres von ihnen verändert wurde, standzuhalten; so viele Nationen zu überwinden, die in so gewaltigen Massen angerückt waren, daß das Häuflein Griechen den feindlichen Armeen noch nicht einmal die Hauptleute hätte stellen können?

Was anders, als daß es uns dünkt, in jenen glorreichen Tagen sei gar nicht die Schlacht der Griechen gegen die Perser geschlagen worden, sondern der Sieg der Selbständigkeit über die Tyrannei und der Freiheit über die Willkür!

Seltsam genug, von der Tapferkeit zu vernehmen, welche die Freiheit ins Herz derjenigen trägt, die zu ihrem Schutze erstehen; aber was alle Tage in allen Ländern von allen Menschen getan wird, daß ein einziger Kerl hunderttausend Städte notzüchtigt und ihnen die Freiheit raubt, – wer möchte es glauben, wenn er nur davon reden hörte und es nicht vor Augen sähe? Und wenn es nur bei fremden Völkern und in entfernten Ländern zu sehen wäre und man davon erzählte, wer möchte nicht sagen, eine so unwahrscheinliche Geschichte müßte erdichtet und erfunden sein? Noch dazu steht es so, daß man diesen einzigen Tyrannen nicht zu bekämpfen braucht; man braucht sich nicht gegen ihn zur Wehr zu setzen; er schlägt sich selbst. Das Volk darf nur nicht in die Knechtschaft willigen; man braucht ihm nichts zu nehmen, man darf ihm nur nichts geben; es tut nicht not, daß das Volk sich damit quäle, etwas für sich zu tun; es darf sich nur nicht damit quälen, etwas gegen sich zu tun. Die Völker lassen sich also selber hunzen und schuriegeln, oder vielmehr, sie lassen es nicht, sie tun es, denn wenn sie aufhörten,

Knechtsdienste zu leisten, wären sie frei und ledig; das Volk gibt sich selbst in den Dienst und schneidet sich selber die Gurgel ab; es hat die Wahl, untertan oder frei zu sein und läßt seine Freiheit und nimmt das Joch; es fügt sich in sein Elend und jagt ihm gar nach. Wenn es das Volk etwas kostete, seine Freiheit wieder zu erlangen, würde es sich nicht beeilen, obwohl es nichts Köstlicheres geben kann, als sich wieder in den Stand seines natürlichen Rechtes zu setzen und sozusagen aus einem Tier wieder ein Mensch zu werden; aber ich gebe nicht einmal zu, daß es die Sicherheit des Lebens und die Bequemlichkeit ist, die es der Freiheit vorzieht. Wie! Wenn man, um die Freiheit zu haben, sie nur wünschen muß; wenn weiter nichts dazu not tut, als einfach der Wille, sollte sich wirklich eine Nation auf der Welt finden, der sie zu teuer ist, wenn man sie mit dem bloßen Wunsche erlangen kann? Eine Nation, der es leid täte, zu wollen, was um den Preis des Blutes nicht zu teuer erkauft wäre? Nach dessen Verlust alle Menschen, die auf Ehre halten, das Leben widerwärtig und den Tod eine Erlösung nennen müssten? Gewisslich, ganz ebenso, wie das Feuer eines Fünkleins groß wird und immer mehr zunimmt und, je mehr es Holz findet, um so gieriger entbrennnt; und wie es, ohne daß man Wasser herzuträgt, um es zu löschen, wenn man bloß kein Holz mehr daran legt und es nichts mehr zu lecken hat, sich in sich selbst verzehrt und formlos wird und kein Feuer mehr ist: also werden die Tyrannen, je mehr sie rauben, je mehr sie heischen, je mehr sie wüsten und wildern, je mehr man ihnen gibt, je mehr man ihnen dient, um so stärker und kecker zum Vernichten und alles Verderben; und wenn man ihnen nichts mehr gibt, wenn man ihnen nicht mehr gehorcht, stehen sie ohne Kampf und ohne Schlag nackt und entblößt da und sind nichts mehr; wie eine

Wurzel, die keine Feuchtigkeit und Nahrung mehr findet, ein dürres und totes Stück Holz wird.

Wenn die Kühnen das Gut erlangen wollen, nach dem ihnen der Sinn steht, fürchten sie keine Gefahr; die Vorsichtigen scheuen die Mühe nicht; die Feigen und Trägen können weder dem Übel standhalten noch das Gute erobern; sie begnügen sich damit, es zu wünschen; die Tugend aber, die Hand danach zu recken, enthält ihre Feigheit ihnen vor; nur der Wunsch, es zu haben, wohnt in ihnen von Natur. Dieser Wunsch, dieser Wille, ist den Weisen und den Toren, den Mutigen wie den Feigen gemein; sie wünschen alle Dinge, in deren Besitz sie glücklich und zufrieden sein möchten; ein einziges ist zu nennen, von dem ich nicht weiß, wie die Natur den Menschen den Wunsch darnach versagt haben kann: das ist die Freiheit, die doch ein so großes und köstliches Gut ist, daß, wenn sie verloren ist, alle Übel angerückt kommen und selbst die guten Dinge, die noch geblieben sind, ihren Duft und ihre Würze verlieren, weil die Knechtschaft sie verderbt hat: die Freiheit allein begehren die Menschen nicht, aus keinem andern Grunde, dünkt mich, als weil sie, wenn sie ihrer begehrten, die Freiheit hätten; wie wenn sie nur darum verschmähten, diese schöne Beute zu machen, weil sie zu leicht ist.

## Über die Natur des Menschen

O ihr armen, elenden Menschen, ihr unsinnigen Völker, ihr Nationen, die auf euer Unglück versessen und für euer Heil mit Blindheit geschlagen seid, ihr laßt euch das schönste Stück eures Einkommens wegholen, eure Felder plündern, eure Häuser berauben und den ehrwürdigen Hausrat eurer Väter stehlen! Ihr lebet dergestalt, daß ihr getrost sagen könnt, es gehöre euch nichts; ein großes Glück bedünkt es euch jetzt, wenn ihr eure Güter, eure Familie, euer Leben zur Hälfte euer Eigen nennt; und all dieser Schaden, dieser Jammer, diese Verwüstung geschieht euch nicht von den Feinden, sondern wahrlich von dem Feinde und demselbigen, den ihr so groß machet, wie er ist, für den ihr so tapfer in den Krieg ziehet, für dessen Größe ihr euch nicht weigert, eure Leiber dem Tod hinzuhalten. Der Mensch, welcher euch bändigt und überwältiget, hat nur zwei Augen, hat nur zwei Hände, hat nur einen Leib und hat nichts anderes an sich als der geringste Mann aus der ungezählten Masse eurer Städte; alles, was er vor euch allen voraus hat, ist der Vorteil, den ihr ihm gönnet, damit er euch verderbe. Woher nimmt er so viele Augen, euch zu bewachen, wenn ihr sie ihm nicht leiht? Wieso hat er so viele Hände, euch zu schlagen, wenn er sie nicht von euch bekommt? Die Füße, mit denen er eure Städte niedertritt, woher hat er sie, wenn es nicht eure sind? Wie hat er irgend Gewalt über euch, wenn nicht durch euch selber? Wie möchte er sich unterstehen, euch zu placken, wenn er nicht mit euch im Bunde stünde? Was könnte er euch tun, wenn ihr nicht die Hehler des Spitzbuben wäret, der euch ausraubt, die Spießgesellen des Mörders, der euch tötet, und Verräter an euch selbst? Ihr säet eure Früchte, auf daß er sie verwüste; ihr stattet eure Häuser aus und füllet die Scheunen, damit er etliches zu stehlen finde; ihr zieht eure Töchter groß, damit er der Wollust fröhnen könne; ihr nähret eure Kinder, damit er sie, so viel er nur kann, in den Krieg führe, auf die Schlachtbank führe; damit er sie zu Gesellen seiner Begehrlichkeit, zu Vollstreckern seiner Rachbegierden mache; ihr rackert euch zu Schanden, damit er sich in seinen Wonnen räkeln und in seinen gemeinen und schmutzigen Genüssen wälzen könne; ihr schwächet euch, um ihn stärker und straff zu machen, daß er euch kurz im Zügel halte: und von so viel Schmach, daß sogar das Vieh sie entweder nicht spürte, oder aber nicht ertrüge, könnt ihr euch frei machen, wenn ihr es wagt, nicht euch zu befreien, sondern nur es zu wollen. Seid entschlossen, keine Knechte mehr zu sein, und ihr seid frei. Ich will nicht, daß ihr ihn verjaget oder vom Throne werfet; aber stützt ihn nur nicht; und ihr sollt sehen, daß er, wie ein riesiger Koloß, dem man die

Unterlage nimmt, in seiner eigenen Schwere zusammenbricht und in Stücke geht.

Aber freilich, die Ärzte raten gut, wenn sie warnen, man solle die Hand nicht in unheilbare Wunden legen; und es ist nicht weise von mir, das Volk in diesem Stück tadeln zu wollen, das schon seit langem nichts mehr von der Freiheit weiß und dessen Krankheit sich gerade dadurch als tödlich erweist, daß es sein Übel nicht mehr spürt. Suchen wir also, wenn es irgend zu ermachen ist, herauszubekommen, wie sich dieser hartnäckige Wille zur Botmäßigkeit so eingewurzelt hat, daß es jetzt scheint, als ob sogar die Freiheitsliebe nicht so natürlich wäre.

Zum ersten steht es, dünkt mich, außer Zweifel, daß wir, wenn wir nach den Rechten, welche die Natur uns verliehen hat, und nach ihren Lehren lebten, in natürlicher Art gehorsam den Eltern, untertan der Vernunft und niemand zu eigen wären. Des

Gehorsams, den jedweder, ohne weitern Zuruf als seiner Natur, zu Vater und Mutter in sich findet, sind alle Menschen sich inne, jeder in sich und für sich. Ob die Vernunft uns eingeboren ist oder nicht, worüber die Akademiker geteilter Meinung sind und was jede philosophische Schule für sich entscheiden muß, davon, meine ich, genügt es zur Stunde, soviel zu sagen: es gibt in unserer Seele irgendwie eine natürliche Ansaat von Vernunft, die, wenn sie durch guten Rat und Sitte gehegt wird, zur Tugend erblüht, gegenteils aber, wenn sie sich oft gegen die aufschießenden Laster nicht halten kann, erstickt, verkümmert und eingeht. Aber gewißlich, wenn irgend etwas klar und natürlich einleuchtend ist, und wogegen niemand blind sein darf, ist das: die Natur, die Gehülfin Gottes und die Lenkerin der Menschen, hat uns alle in derselben Form und sozusagen nach dem nämlichen Modell gemacht, damit wir uns einander als Genossen oder vielmehr als Brüder erkennen sollten; und wenn sie bei der Austeilung der Geschenke, die sie uns gespendet hat, die einen am Körper oder am Geist mehr bevorzugt hat wie die andern, so war es doch nicht ihre Meinung, uns in diese Welt wie in ein Kriegslager zu setzen und sie hat nicht die Stärkeren und Gewitzteren auf die Erde geschickt, damit sie wie bewaffnete Räuber im Wald, über die Schwächeren herfallen sollten;

vielmehr muß man glauben, daß sie, wenn sie dergestalt den einen die größern und den andern die kleinem Gaben schenkte, der brüderlichen Liebe Raum schaffen wollte, damit sie habe, wo sie sich betätigen könne: die einen haben die Macht, Hilfe zu leisten, und die andern die Not, sie zu empfangen.

Da nun also diese gute Mutter uns alle aus dem nämlichen Teige geknetet hat, damit jeglicher Mensch sich in dem andern spiegeln und einer im andern sich gleichsam selber erkennen kann; wenn sie uns allen zur gemeinsamen Gabe die Stimme und die Sprache gegeben hat, um uns noch traulicher zueinander zu bringen und zu verbrüdern und durch den Umgang und den gegenseitigen Austausch der Gedanken eine Gemeinschaft unseres Willens zu schaffen; und wenn sie mit allen Mitteln versucht hat, den Knoten unseres Bundes und unserer Gesellschaft zu Stücken gezeigt hat, daß sie uns alle nicht sowohl vereinigt als ganz eins hat machen wollen: dann gibt es keinen Zweifel, daß wir alle Genossen sind und es darf keinem zu Sinn steigen, die Natur habe irgend einen in Knechtschaft gegeben.

## Drei Arten von Tyrannen

In Wahrheit ist es ganz nichtig, darüber zu streiten, ob die Freiheit natürlich ist, da man keinen in Knechtschaft halten kann, ohne ihm Unrecht zu tun, und da nichts in der

Welt der Natur (die völlig vernünftig ist) so entgegen ist wie die Unbill. So bleibt zu sagen, daß die Freiheit natürlich ist, und in derselben Art, nach meiner Meinung, daß wir nicht nur im Besitz unserer Freiheit, sondern auch mit dem Trieb, sie zu verteidigen, geboren werden. Wenn wir nun daran zweifeln können und wenn wir so entartet sind, daß wir unsere Eigenschaften und unsere ursprünglichen Triebe nicht zu erkennen scheinen, dann tut es not, daß ich euch die Ehre erweise, die euch zukommt, und die wilden Tiere sozusagen aufs Katheder stelle, damit sie euch eure Natur und Verfassung lehren. Denn bei Gott, wenn die Menschen nicht gar zu taub sind, rufen ihnen die Tiere zu: Es lebe die Freiheit! Etliche unter ihnen sterben, wenn sie in Gefangenschaft geraten: wie der Fisch, der das Leben aufgibt, wenn er aus dem Wasser kommt so schwinden sie dahin und wollen ihre natürliche Freiheit nicht überleben.

Ich meine, wenn es bei den Tieren Rangstufen und Vorrechte gäbe, dann wäre die Freiheit ihr Adel. Die andern, von den größten bis zu den kleinsten, setzen ihrer Gefangennahme mit Krallen, Hörnern, Füßen und Schnäbeln so heftigen Widerstand entgegen, daß darin genugsam zum Ausdruck kommt, wie wert ihnen das ist, was sie verlieren; wenn sie dann gefangen sind, geben sie uns so lebhafte Zeichen von ihrer Kenntnis ihres Unglücks, daß sie von Stund an mehr hinschmachten als leben, und daß sie ihr Dasein mehr fortsetzen, um ihr verlorenes Glück zu beklagen, als nun sich in der Knechtschaft wohlzufühlen.

Da also alles, was Empfindung hat, unter der Unterjochung leidet und der Freiheit nachgeht; da die Tiere, wenn sie schon vom Menschen vergiftet und an die Knechtschaft gewöhnt sein könnten, sich doch noch dagegen auflehnen und ihren Widerwillen kundgeben: was für ein

Unglück hat den Menschen so unnatürlich machen können, daß er, der wahrhaftig nur zur Freiheit geboren ist, die Erinnerung an sein erstes Wesen und das Verlangen, wieder zu ihm zu kommen, verloren hat?

Es gibt drei Arten Tyrannen (ich meine die schlechten Fürsten): die einen haben die königliche Gewalt kraft der Wahl des Volkes; die andern durch die Gewalt ihrer Waffen; die dritten auf Grund der Erbfolge ihres

Geschlechtes. Diejenigen, so das Königtum vermöge des Kriegsrechts erworben haben, führen sich derart darin auf, daß man wohl merkt, daß sie, wie man sagt, in erobertem Lande hausen. Die, so als Könige zur Welt kommen, sind gemeiniglich nicht viel besser; sie sind mit dem Blut der Tyrannei geboren und aufgewachsen, sie saugen mit der Muttermilch die Tyrannenart ein und springen mit den Völkern, die unter ihnen stehen, wie mit ihren vererbten Leibeigenen um;

und je nach ihrem Charakter, ob sie nun habgierig oder verschwenderisch sind, tun sie mit dem Königreich wie mit ihrem Erbe. Derjenige, dem das Volk das Königreich anvertraut hat, sollte, dünkt mich, erträglicher sein; und er wäre es auch, glaube ich, wenn nicht von dem Augenblick an, wo er sich über die andern so hoch erhoben weiß, die Eitelkeit über ihn käme, daß er so groß dasteht; und nun beschließt er von dem Orte nicht mehr zu wanken; die Macht, die das

Volk ihm geliehen hat, will er nun seinen Kindern vererben. Sowie die Tyrannen dieser Sorte nun so weit gekommen sind, ist es erstaunlich, wie sie in Lastern aller Art, selbst in der Grausamkeit über die andern hinausgehen; sie sehen kein anderes Mittel, um die neue Tyrannei zu sichern, als die Knechtschaft zu verstärken und die Untertanen der Freiheit, wenn auch die Erinnerung an sie noch frisch ist, so sehr zu entfremden, daß sie ihnen selbige rauben können. Um also die Wahrheit zu sagen, so gibt es zwischen ihnen allerdings einen gewissen Unterschied, aber Vorzug kann ich keinen erkennen, und so verschieden die Mittel sind, durch die sie zur Herrschaft kommen, so ist doch die Manier der Herrschaft immer recht ähnlich: die Erwählten regieren, wie wenn sie Stiere gefangen hätten und sie zähmen wollten; die Eroberer verfahren mit den Untertanen wie mit

Ihrer Beute; und die Erbfürsten wie mit ihren natürlichen Sklaven.

Aber gesetzt den Fall, es kämen heute etliche Völker ganz neu zur Welt, die nicht an die Untertänigkeit gewöhnt und auch nicht auf Freiheit erpicht wären, und sie sollten von der einen wie der andern nichts wissen und kaum die Namen gehört haben: wenn man denen die Wahl ließe, entweder untertan oder frei zu sein, wofür würden sie sich entscheiden? jeder sieht ein, daß sie lieber der

Vernunft gehorchen als einem Menschen dienstbar sein wollten; es müßten denn nur die Völker Israels sein, die sich ohne Zwang und ohne irgend eine Not einen Tyrannen gemacht haben: die Geschichte welchen Volkes ich nie lesen kann, ohne so großen Abscheu zu haben, daß ich bis zur Unmenschlichkeit gehe und mich über die vielen Leiden freue, die ihnen daraus zugestoßen sind. Aber sonst muß es für alle Menschen gewiß, wenn sie nur einigermaßen Menschen sind, ehe sie sich unterjochen lassen, eines von zweien geben: entweder sie werden gezwungen oder betrogen. Gezwungen von fremder Waffengewalt, wie Sparta und Athen durch die Streitkräfte Alexanders, oder von den Parteien, so wie die Landesherrlichkeit von Athen ehbevor in die Hände des Pisistratus gekommen war. Durch Betrug verlieren sie oft die Freiheit, und dabei werden sie nicht so oft von andern überlistet wie von sich selber getäuscht: so wie das Volk von Syrakus, der Hauptstadt von Sizilien, die heute Saragossa heißt, als es im Kriege bedrängt war, nur an die Gefahr dachte und Dionys zu seinem Obersten machte und ihm die Führung des Heeres übertrug; es achtete nicht darauf, daß es ihn so groß gemacht hatte, daß dieser Verschmitzte, als er als Sieger heimkehrte, sich, wie wenn er nicht die Feinde, sondern seine Mitbürger besiegt hätte, aus dem Kriegshauptmann zum König und aus dem König zum Tyrannen machte.

Es ist nicht zu glauben, wie das Volk, sowie es unterworfen ist, sofort in eine solche und so tiefe Vergessenheit der Freiheit verfällt, daß es ihm nicht möglich ist, sich zu erheben, um sie wieder zu bekommen. Es ist so frisch und so freudig im Dienste, daß man, wenn man es sieht, meinen könnte, es hätte nicht seine Freiheit, sondern sein Joch verloren. Im Anfang steht man freilich unter dem Zwang und ist von Gewalt besiegt; aber die, welche später kommen und die Freiheit nie gesehen haben und sie nicht kennen, dienen ohne Bedauern und tun gern, was ihre Vorgänger gezwungen getan hatten. Das ist es, daß die Menschen unter dem Joche geboren werden; sie wachsen in der Knechtschaft auf, sie sehen nichts anderes vor sich, begnügen sich, so weiter zu leben, wie sie zur Welt gekommen sind und lassen es sich nicht in den Sinn kommen, sie könnten ein anderes Recht oder ein anderes Gut haben, als das sie vorgefunden haben; so halten sie den Zustand ihrer Geburt für den der Natur. Und doch gibt es keinen so verschwenderischen und nachlässigen Erben, daß er nicht manchmal in sein Inventarverzeichnis blickte, um sich zu überzeugen, ob er alle Rechte seines Erbes genieße oder ob man ihm oder einem Vorgänger etwas entzogen habe. Aber gewiß hat die

Gewohnheit, die in allen Dingen große Macht über uns hat, nirgends solche Gewalt wie darin, daß sie uns lehrt, Knechte zu sein und (wie man sich erzählt, daß Mithridates sich daran gewöhnte, Gift zu trinken) uns beibringt, das Gift der Sklaverei zu schlucken und nicht mehr bitter zu finden.

## Über die Ursachen freiwilliger Knechtschaft

Wie dem Menschen alle Dinge natürlich sind, von denen er sich nährt und an die er sich gewöhnt, während ihm nur das eingeboren ist, wozu seine einfache und noch nicht veränderte Natur ihn beruft, so ist die erste Ursache der freiwilligen Knechtschaft die Gewohnheit. Sie sagen, sie seien immer untertan gewesen, ihre Väter hätten geradeso gelebt; sie meinen, sie seien verpflichtet, sich den Zaum anlegen zu lassen, und gründen selbst den Besitz derer, die ihre Tyrannen sind, auf die Länge der Zeit, die verstrichen ist; aber in Wahrheit geben die Jahre nie ein Recht, Übel zu tun, sondern sie vergrößern das Unrecht. Es bleiben immer ein paar, die von Natur aus besser Geborene sind: die spüren den Druck des Joches und müssen den Versuch machen, es abzuschütteln. Die gewöhnen sich nie an die Unterdrückung; wie Ulysses, der auf langen Reisen zu Wasser und zu Land sich nach der Heimat und seinem Herde sehnte, vergessen sie nie ihre natürlichen Rechte und gedenken immer der Vorfahren und ihres ursprünglichen Wesens: das sind freilich die, die einen guten Verstand und einen hellen Geist haben und sich nicht wie die große Masse mit dem Anblick dessen begnügen, was ihnen zu Füßen liegt; die nach vorwärts und rückwärts schauen, die Dinge der Vergangenheit herbeiholen, um die kommenden zu beurteilen und die gegenwärtigen an ihnen zu messen; das sind die, welche von Haus aus einen wohlgeschaffenen Kopf haben und ihn noch durch Studium und Wissenschaft verbessert haben; diese würden die Freiheit, wenn sie völlig verloren und ganz aus der Welt wäre, in ihrer Phantasie wieder schaffen und sie im Geiste empfinden und ihren Duft schlürfen; die Knechtschaft schmeckt ihnen nie, so fein man sie auch servieren mag.

Der Sultan hat das wohl gemerkt, daß die Bücher und die Ausbildung den Menschen mehr als sonst irgend etwas den Sinn geben, zum Bewußtsein zu kommen und die Knechtschaft zu hassen, und darum gibt es in seinem Lande nicht mehr Gelehrte, als er zuläßt. Nun bleibt gewöhnlich der Eifer und die Begeisterung derer, die der Zeit zum Trotz die Hingebung an die Freiheit bewahrt haben, so groß auch ihre Zahl sein mag, ohne Wirkung, weil sie sich untereinander nicht kennen: die Freiheit zu handeln und zu reden, ja sogar zu denken, ist ihnen unter dem Tyrannen ganz geraubt; sie bleiben in ihren Phantasien ganz vereinzelt: und Momus hatte nicht Unrecht, als er an dem Menschen, den Vulkan gemacht hatte, das zu tadeln fand, daß er ihm nicht ein Fensterchen vor dem Herzen angebracht hatte, damit man seine Gedanken sehen konnte.

Und doch, wer Geschehnisse der Vergangenheit und die alten

Geschichtsbücher durchgeht, wird finden, daß die, welche ihr Vaterland in schlechter Verfassung und in schlimmen Händen sahen und es unternahmen, es zu befreien, fast immer ans Ziel gelangt sind, und daß die Freiheit sich selbst zum Durchbruch verhilft: Harmodius, Aristogiton, Thrybul. Brutus der Ältere, Valerius und Dion waren in der Ausführung ebenso glücklich, wie ihr Denken das rechte war: in diesem Fall fehlt dem guten Willen fast nie das Glück. Brutus der jüngere und Cassius waren in der Befreiung vom Joch sehr glücklich; aber als sie eben die Freiheit zurückbrachten, starben sie, nicht kläglich, denn was für ein Tadel läge darin, wenn man sagte, wie man sagen muß, daß an diesen Männern weder im Tod noch im Leben etwas zu tadeln war? Aber sie starben zum großen Schaden und ewigen Unglück und völligen Untergang der Republik, die wirklich, dünkt mich, mit ihnen ins Grab gelegt worden ist. Die andern Unternehmungen gegen die späteren römischen Kaiser waren nur Verschwörungen von Ehrgeizigen, die wegen des Mißgeschicks, das sie traf, nicht zu beklagen sind: sie wollten den Tyrannen verjagen und es bei der Tyrannei lassen. Denen wünschte ich gar nicht, daß ihr Unternehmen geglückt wäre; es ist mir ganz recht, daß sie mit ihrem Beispiel gezeigt haben, daß der heilige Name der

Freiheit nicht zu Unternehmungen der Bosheit mißbraucht werden darf.

Aber um auf meinen Faden zurückzukommen, den ich fast verloren hätte: der erste Grund, warum die Menschen freiwillig Knechte sind, ist der, daß sie als Knechte geboren werden und so aufwachsen. Aus diesem folgt ein zweiter: daß nämlich die Menschen unter den Tyrannen leicht feige und weibisch werden. Mit der Freiheit geht wie mit einem Mal die Tapferkeit verloren. Geknechtete haben im Kampf keine Frische und keine Schärfe: sie gehen wie Gefesselte und Starre und, als ob's nicht Ernst wäre, in die Gefahr; in ihren Adern kocht nicht die Glut der Freiheit, die die Gefahr verachten läßt und die Lust hervorbringt, durch einen schönen Tod inmitten der Genossen die Ehre des Ruhms zu erkaufen. Die Freien wetteifern untereinander, jeder kämpft fürs Gemeinwohl und jeder für sich, alle wissen, daß die

Niederlage oder aber der Sieg ihre eigene Sache sein wird, während die Geknechteten außer dem kriegerischen Mut auch noch in allen andern Stücken die Lebendigkeit verlieren und ein niedriges und weichliches Herz haben und zu allen großen Dingen unfähig sind. Die Tyrannen wissen das wohl, und tun ihr Bestes, wenn die Völker erst einmal so weit gekommen sind, sie noch schlaffer zu machen.

Die Theater, die Spiele, die Volksbelustigungen und Aufführungen aller Art, die Gladiatoren, die exotischen Tiere, die Medaillen, Bilder und anderer Kram der Art, das waren für die antiken Völker der Köder der Knechtschaft, der Preis für ihre Freiheit, das Handwerkszeug der Tyrannei. Dieses Mittel, diese Praktik, diesen Köder hatten die antiken Tyrannen, um ihre antiken Untertanen unters Joch der Tyrannei zu schläfern. So gewöhnten sich die Völker in ihrer Torheit, an die sie selbst erst gewöhnt waren, an diesen Zeitvertreib, und vergnügten sich mit eitlem Spielzeug, das man ihnen vor die Augen hielt, damit sie ihre Knechtschaft nicht merkten. Die römischen Tyrannen verfielen noch auf etwas weiteres: sie sorgten für öffentliche Schmäuse, damit die Kanaille sich an die Gefräßigkeit gewöhnte: sie rechneten ganz richtig, daß von solcher Gesellschaft keiner seinen Suppentopf lassen würde, um die Freiheit der platonischen Republik wiederherzustellen. Die Tyrannen ließen Korn, Wein und Geld verteilen: und wie konnte man da „Es lebe der König!“ zum Ekel schreien hören! Den Tölpeln fiel es nicht ein, daß sie nur einen Teil ihres Eigentums wiederbekamen und daß auch das, was sie wiederbekamen, der Tyrann ihnen nicht hätte geben können, wenn er es nicht vorher ihnen selber weggenommen hätte. Da hatte einer heute sich auf der Straße nach dem ausgeworfenen Geld gebückt, oder ein anderer hatte sich beim öffentlichen Mahle vollgefressen, und am Tag darauf wurde er gezwungen, sein Hab und Gut der Habgier, seine Kinder der Ausschweifung, sein Blut der Grausamkeit dieser prächtigen Kaiser auszuliefern: da war er stumm wie ein Stein und wagte kein Wort zu sagen und war reglos wie ein Klotz. So ist die Volksmasse immer gewesen: beim Vergnügen, das sie in Ehren nicht bekommen dürfte, ist sie ganz aufgelöst und hingegeben: und beim Unrecht und der Qual, die sie in Ehren nicht dulden dürfte, ist sie unempfindlich.

## Wurzeln der Herrschaft

Ich komme nun zu einem andern Schwindel, den die antiken Völker für bare Münze nahmen. Sie glaubten steif und fest, daß der große Zeh an dem einen Fuße des Pyrrhus, Königs von Epirus, Wunder tun könnte und die Krankheiten der Milz heilte: sie schmückten sogar das Märchen noch weiter aus und erzählten, diese Zehe hätte sich, nachdem der ganze Leichnam verbrannt worden wäre, unversehrt in der Asche gefunden und hätte dem Feuer widerstanden. Immer hat sich so das Volk selbst die Lügen gemacht, die es später geglaubt hat. Als Vespasjan von Assyrien heimkehrte und auf dem Wege nach Rom durch Alexandrien kam, tat er

Wunder (siehe Sueton, Das Leben Vespasians, Kapitel 7):

die Lahmen machte er gehend und die Blinden sehend und eine Menge andere schöne Dinge, bei denen der, der den Schwindel nicht merken konnte, blinder war, als die, die er heilte. Selbst die Tyrannen fanden es seltsam, daß die Menschen sich von Einem beherrschen ließen, der ihnen übles tat: sie wollten sich darum die Religion zur Leibgarde machen und borgten, wenn es irgendwie ging, eine

Portion Göttlichkeit, um ihrem verruchten Leben eine Stütze zu geben.

Bei uns zu Lande wurden auch so ähnliche Sächelchen gesät: weiße Lilien und heilige Salbgefäße und göttliche Oriflammen und derlei Fähnchen. Wie dem aber auch sei, ich will durchaus keinen Unglauben daran verbreiten, denn wir und unsre Vorfahren haben keine Gelegenheit gehabt, nicht daran zu glauben: wir haben ja immer Könige gehabt, die im

Frieden so gut und im Kriege so tapfer waren, daß es, wenn sie schon als Könige geboren wurden, doch scheint, daß sie nicht wie die andern von der Natur dazu gemacht worden sind, sondern schon vor ihrer Geburt vom allmächtigen Gott zur Regierung und zum Schutz dieses Reiches erkoren wurden! Aber auch wenn es nicht so wäre, möchte ich es doch unterlassen, hier mich in einen Streit über die Wahrheit unsrer Geschichten einzulassen ... Ich wäre wahrlich toll, wenn ich unsre Überlieferungen leugnen und mich so auf das Gebiet begeben wollte, das unsern Dichtern vorbehalten ist. Aber, um den Faden da wieder aufzunehmen, wo ich ihn, ich weiß nicht, wie's kam, fallen ließ: ist es nicht allezeit so gewesen, daß die Tyrannen, um sich zu sichern, versucht haben, das Volk nicht nur an Gehorsam und Knechtschaft, sondern geradezu an eine Art religiöse Anbetung ihrer Person zu gewöhnen?

Ich will jetzt von einem Punkt sprechen, der das Geheimnis und die Erklärung der Herrschaft, die Stütze und Grundlage der Tyrannei ist. Wer vermeint, die Hellebarden der Wachen oder die Büchsen der Posten beschütze die Tyrannen, der ist nach meinem Urteil sehr im Irrtum: sie bedienen sich ihrer, glaube ich, mehr zur Form und als Vogelscheuche, als daß sie Vertrauen in sie setzten. Diese Wachen hindern die Ungeschickten, die wehrlos sind, aber nicht

Wohlbewaffnete, die zu einem Unternehmen gerüstet sind. Man erinnere sich nur der römischen Kaiser: deren gibt es nicht so viele, die durch die Hilfe ihrer Wachen einer Gefahr entronnen sind, wie solche, die von ihren Wachen umgebracht worden sind. Nicht die Reitertruppen, nicht die Kompagnien der Fußsoldaten, nicht die Waffen schützen den Tyrannen; sondern, man wird es nicht gleich glauben wollen, aber es ist doch wahr, viere oder fünfe sind es jeweilen, die den Tyrannen schützen; viere oder fünfe, die ihm das Land in Knechtschaft halten. Immer ist es so gewesen, daß fünfe oder sechse das Ohr des Tyrannen gehabt und sich ihm genähert haben oder von ihm berufen worden sind, um die Gesellen seiner Grausamkeiten, die Genossen seiner Vergnügungen, die Zuhälter seiner Lüste und die Teilhaber seiner Räubereien zu sein. Diese sechse richten ihren Hauptmann so fein her, daß er für die Gesellschaft nicht bloß den Urheber seiner eigenen Schändlichkeiten, sondern auch der ihrigen vorstellt. Diese sechse haben sechshundert, die unter ihnen schmarotzen, und diese sechshundert verhalten sich zu ihnen, wie diese sechs sich zum Tyrannen verhalten. Diese sechshundert halten sich sechstausend, denen sie einen Rang gegeben haben, die durch sie entweder die Verwaltung von Provinzen oder von Geldern erhalten, damit sie ihrer Habgier und Grausamkeit hilfreiche Hand leisten und sie zur geeigneten Zeit zur Ausführung bringen und überdies so viel Böses tun, daß sie nur unter ihrem Schutz sich halten und unter ihrem Beistand den Gesetzen und der Strafe entgehen können. Davon kommt viel her. Und wer sich das Vergnügen machen will, dem Sack auf den Grund zu gehen, der wird merken, daß sich an diesem Strick nicht die sechstausend, sondern die hunderttausend und Millionen dem Tyrannen zur Verfügung stellen, der sich dieses Seiles bedient wie Jupiter beim Homer, der sich rühmt, wenn er an der Kette zieht, alle Götter zu sich herziehen zu können. Kurz, man bringt es durch die Günstlingswirtschaft, durch die Gewinne und Beutezüge, die man mit dem Tyrannen teilt, dahin, daß es fast ebenso viel Leute gibt, denen die Tyrannei nützt, wie solche, denen die Freiheit eine Lust wäre. Sowie ein

König sich als Tyrann festgesetzt hat, sammelt sich aller Unrat und aller Abschaum des Reiches um ihn: ich spreche nicht von kleinen Gaunern und Galgenstricken, die in einem Gemeinwesen nicht viel Gutes oder Böses anstellen können, sondern von denen, die von brennender Ehrsucht und starker Gier befallen sind: sie stützen den Tyrannen, um an der Beute Teil zu haben, und unter dem Haupttyrannen sich selber zu kleinen Tyrannen zu machen. So verfahren auch die großen Diebe und berüchtigten Seeräuber: die einen kundschaften die Gelegenheit aus, die andern überfallen die Reisenden; die einen liegen im Hinterhalt, die andern führen sie hinein; die einen morden und die andern plündern; und dazu gibt es unter ihnen noch Rangunterschiede, die einen sind nur Bediente, und die andern die Führer der Bande, obzwar am Ende alle an der Beute oder wenigstens an der Nachlese Teil haben wollen.

So unterjocht der Tyrann die Untertanen, die einen durch die andern, und wird von eben denjenigen gehütet, vor denen er, wenn sie Männer wären, auf seiner Hut sein müßte. Er schnitzt, wie das Sprichwort sagt, den Keil aus demselben Holze, das er spalten will: das sind seine Wachen, seine Trabanten, seine Jäger. Sie leiden freilich manchmal unter ihm: aber diese Verlorenen, diese von Gott und den Menschen Verlassenen, lassen sich das Unrecht gefallen, und geben es nicht dem zurück, der es ihnen antut, nein, sie geben es an die weiter, die darunter leiden wie sie und sich nicht helfen können.

Manchmal, wenn ich diese Leute betrachte, die untertänig vor der Tür des Tyrannen stehen, um die lieben Diener seiner Tyrannei und der Knechtung des Volkes zu sein, dann staune ich über ihre Schlechtigkeit und habe Mitleid mit ihrer großen Torheit. Denn wahrlich, was bringt ihnen ihre Nähe beim Tyrannen anderes ein, als daß sie sich noch weiter von ihrer Freiheit entfernen und die Sklaverei sozusagen mit beiden Händen packen und an sich reißen? Möchten sie doch ihren Ehrgeiz ein wenig ablegen und einen Augenblick lang von ihrer Gier lassen; möchten sie sich umsehen und sich erkennen: dann werden sie klar sehen, daß die Ackerknechte, die Bauern, die sie nach Kräften mit Füssen treten und schlimmer behandeln als Sträflinge oder Sklaven, trotzdem, so schlimm sie daran sind, im Vergleich zu ihnen glücklich und einigermassen frei zu nennen sind. Der Landmann und der Handwerker, so sehr sie auch geknechtet sind, haben doch nur zu tun, was man ihnen sagt und sind dann ledig; aber der Tyrann hat die, die um ihn sind und um seine Gunst betteln und scharwenzeln, immer vor Augen; sie müssen nicht nur tun, was er will, sie müssen denken, was er will, und müssen oft, um ihn zufrieden zu stellen, sogar seinen Gedanken zuvorkommen. Es genügt nicht, daß sie ihm gehorsam sind; sie müssen ihm gefällig sein; sie müssen sich in seinen Diensten zerreißen und plagen und kaputt machen; sie müssen in seinen Vergnügen vergnügt sein, immer ihren Geschmack für seinen aufgeben, müssen ihrem Temperament Zwang antun und ihre Natur verleugnen, sie müssen auf seine Worte, seine Stimme, seine

Winke, seine Augen achten; Augen, Füße, Hände, alles muß auf der Lauer liegen, um seine Launen zu erforschen und seine Gedanken zu erraten. Heißt das glücklich leben? Heißt das leben? Gibt es auf der Welt etwas Unerträglicheres als das, ich sage nicht, für einen Menschen höherer Art, nur für einen mit gesundem Verstand, oder noch weniger, für einen, der Menschenantlitz trägt? Welche Lage ist kläglicher als diese; in nichts sich selbst zu gehören, von einem andern seine Wohlfahrt, seine Freiheit, Leib und Leben zu nehmen?

Aber sie wollen dienen, um Reichtum zu erwerben, wie wenn sie damit etwas erlangen könnten, was ihnen gehört, da sie freilich von sich selbst nicht sagen können, daß sie sich selbst gehören; und, wie wenn einer unter einem Tyrannen etwas Eigenes haben könnte, wollen sie erreichen, daß ihnen der Reichtum zu eigen sei, und sie denken nicht daran, daß sie es sind, die ihm die Macht geben, allen alles zu nehmen.

Der Tyrann wird nie geliebt und kann nie lieben. Freundschaft ist ein heiliger Name, ist eine heilige Sache; Freundschaft knüpft sich nur unter Guten, gründet sich nur auf gegenseitige Achtung; sie entsteht und erhält sich nicht durch eine Wohltat oder irgend eine rechte Tat, sondern durch das rechte Leben. Ein Freund ist des andern gewiß, weil er seine Reinheit kennt; die Bürgen, die er dafür hat, sind seine gute Natur, seine Zuverlässigkeit und seine Treue. Wo Grausamkeit ist, wo Unehrlichkeit ist, wo Ungerechtigkeit ist, da kann nicht Freundschaft sein. Wenn sich die Bösen versammeln, sind sie nicht Genossen, sondern Helfershelfer; sie sind nicht traulich beisammen, sondern ängstlich; sie sind nicht Freunde, sie sind Mitschuldige.

Sehen wir nun, was den Dienern des Tyrannen ihr elendes Leben für einen

Lohn einbringt. Das Volk klagt für seine Leiden weniger den Tyrannen an, als die, die ihn lenken: die Völker, die Nationen, alle Welt, bis zu den Bauern und Tagelöhnern, alle kennen ihre Namen, alle wissen ihre Laster auswendig, häufen tausend Flüche auf sie; all ihre Gebete und Wünsche erheben sich gegen sie; jedes Unglück, jede Pest, jede Hungersnot wird ihnen zur Last gelegt; auch wenn sie ihnen manchmal äußerlich Ehren erweisen, verfluchen sie sie im Herzen und verabscheuen sie mehr als wilde Tiere. Sehet da den Ruhm, sehet die Ehre, die ihnen ihre Dienste einbringen; wenn ein jeglicher im Volke ein Stück aus ihren Leibern hätte, wären sie, glaube ich, noch nicht befriedigt und in ihrer Rache gesättigt; aber auch, wenn sie gestorben sind, gibt die Nachwelt ihnen noch keine Ruhe: der Name dieser Volksfresser wird von tausend Federn geschwärzt und ihr Ruhm in tausend Büchern zerrissen und bis auf die Knochen werden sie sozusagen von der Nachwelt gepeinigt, die sie auch nach dem Tode noch für ihr schlechtes Leben bestraft.

Lernen wir also, lernen wir, das Rechte zu tun: heben wir die Augen zum Himmel, um unserer Ehre willen oder aus Liebe zur ewig gleichen Tugend, blicken wir zu Gott dem Allmächtigen auf, dem immerwährenden Zeugen all unserer Taten und dem gerechten Richter unserer Verfehlungen. Ich meinerseits glaube und irre mich nicht, da unserem Gott, der immer sanft und mild ist, nichts so zuwider ist als die Tyrannei, daß er für die Tyrannen und ihre Mitschuldigen dorten noch eine besondere Strafe in Bereitschaft hält.